JN412938

샘물 시조 시인선 101

노송지대 꽃길에 앉아

김경옥 시조집

문학공동체샘물

샘물 시조 시인선 101

노송지대 꽃길에 앉아

발 행 일
초판1쇄   2025년 10월 1일

지 은 이   김경옥
펴 낸 이   김운기 임화자
펴 낸 곳   문학공동체샘물
디 자 인   곽효민

등 록 일   2025년 2월 19일
등록번호   제2025-000030호
주   소   수원시 팔달구 화서문로 35, 3층
전   화   031-241-2321
팩   스   031-241-2322
전자우편   saemmul25@naver.com

ISBN 979-11-992167-8-5

이 책의 판권은 지은이와 문학공동체샘물에 있습니다.
양측의 동의 없는 무단 전재 및 복제를 금합니다.

노송지대 꽃길에 앉아

김경옥

2025
샘물 시조 시인선 101

시인의 말

세 번째 시조집을 엮으며

어느 해 가을 즈음 문득 한 권의 시조집을 만난 후, 여우에게 홀린 듯 꿈속을 걸어온 듯 시조를 노래하고 있습니다.

그 만남 이후 고향을 그리며, 물고을을 사랑하며, 시조를 노래하며 살아왔듯이, 앞으로도 이 좋은 일로 허공을 다지며 천천히 가려 합니다. 오늘의 나를 있게 한, 존경하는 아버지 어머니 그리고 사랑하는 남편과 두 아들에게 영원토록 세세생생 무한 감사를 올립니다.

더불어 더 넓은 시조의 세계에서 가르침을 주신 인연 깊은 모든 분에게 깊고도 짙푸른 감사의 큰절을 올리는 심정으로 이 한 권의 시조집을 엮습니다. 번데기가 알에서 자라 허물을 벗고 변신하듯, 벗어놓은 허물이 많이 쌓일수록 잔잔하게 노래하게 되리라 믿으며 쌓인 허물을 내놓으니 너그러이 읽어주시길 바랍니다.

2025 가을
광교산 원천호숫가에서 김경옥

노송지대 꽃길에 앉아

차례

☙ 시인의 말

☙ 1부 ― 엄마, 그 따뜻한 손으로

2부 — 달팽이 사랑법

3부 — 어머니의 종이학

4부 — 일곱 살 어느 날

5부 ― 서호 낙조 아래서

1부

엄마, 그 따뜻한 손으로

노송지대 꽃길에 앉아

연보라 달빛에 홀린 소소밀밀 꽃 사잇길

벤치에 허브차 두 잔 이보다 더 좋으랴

지극한

마음이 닿아

먼 왕조도

지척이다

* 소소밀밀疏密密
– 성글면 성근 대로, 조밀하면 조밀한 대로

칠보산 봄비

동장군 가신 자리에 다보록 실비 내린다

파르르 실눈 뜨는 잎새들 착한 얼굴은

동안거

웅크린 품을 열고

맨발로 온

수도승

벚꽃, 서호에 앉아

꽃잎은 물 위에

"태평太平하라" 수를 놓고

잉어떼 꽃그늘 사이

윤슬 차고 오른다

피는 건

눈부신 순간

지는 것도

찬란한

서호공원, 봄밤

머리맡이 수런수런 점점 더 환해집니다

꽃들이 저 혼자 물수제비 뜨나 봅니다

왕벚꽃 남몰래 톡톡 동그라미 그리며

햇살 식사

베란다

커튼을 걷고

식량을 들인다

집안 가득 쏟아지는

무량한

저 이팝

골고루

먹여주려고

바람은

들락날락

불일암 바람 소리 스라렝딩*

청 댓잎 달빛 더불어 소슬한 기운 함께

거문고 아니어도 스라렝딩 스라렝딩

주인은

어디로 가고

혼자 듣는

빈 의자

* 스라렝딩: 남해에 유배되었던 김구가 쓴 『화전별곡』 제4장에
있는 거문고 탄주 소리

순금 봄비

투명한 금침이다 24k 황금이다

한 올도 허투루 쓰이지 않을 금비

목마른

중생 살리는

단비 꿀비

귀한 비

엄마, 그 따뜻한 손으로

삼천 번은 넘어져야 겨우 걸음마 된다는데

그 높은 고비마다 나 혼자 넘었을까

내 손을 꼭 부여잡고 한 발 한 발 걸었을

백로와 추분 사이

잘 익은 감나무 끝에 하마 벌써 한가위 달

백 년 만에 추석 슈퍼 문 어둠을 밀어내고

낮보다 더 눈부신 달이 나무 사이 걸렸다

질풍노도 지나며 풋내도 삭히며

나 다운 나를 찾아서 모서리를 깎는 시간

그 눈빛 깊어진 만큼 향기 더욱 짙어라

죽순처럼 쑥쑥 자란 명문장으로 그득한

시집들이 시집온 우편함은 배가 불러

김매기 거름 없이도 살 오르는 가을날

가을 구름

옷자락이 펄럭인다 하느님도 산책하시나

새떼도 양떼도 가슴에 품어 안고서

거칠 것 하나 없다며

하늘 높이 떠 간다

의암호 케이블카

높은 산 저 꼭대기 정상을 어찌 오르랴
줄 하나 드리우고 앉아서 이동이다

강철심 중력에 저항하는 사이
불혹 다시 흔들리고

싸리나무 가지 한 개는 쉽게 부러지지만
여러 개 모이면 꺾기 어려운 원리

선線 타고 강을 건너는
한 생이 오롯해라

외줄기 삶에 올린 완강하게 숨은 힘
풀었다 되감기는 뫼비우스 띠를 돌려

협곡을 가로지르는
빗금 길게 긋고 있다

봄, 판전板殿*

한적한 맞배지붕 현판 앞에 머물러
빌딩 사이 봉은사 매향梅香 따라온 발길

고졸한
글씨 주인은 누구신가 묻는다

만 리를 여행하고 만 권 책을 마음에 담아
천 자루 붓 벼루 열 개를 닳도록 쓴 사람

그 추사秋史
여기에 와서 걸작을 남겼다니

사흘 후 한 조각 구름이 된 천하명필
달빛보다 더 깊은 그늘을 품에 안고

마지막
예감했을까 홍매 백매 피었다

* 봉은사 판전 - 경판을 보관하고 예불드리는 전각, 현판은 추사
김정희의 글씨다.

24

춘란 한 잎

서툴게 꺼내어 앞뒤 없이 휘두르고

바쁘다 지워버린 채 돌아보지 못한 날

저 칼은

짙은 향기로

허공만을

가르네

푸른 독서

타악기 선율로 목탁 치는 비 그치자

마알간 낙수 소리 바람 함께 마실 가고

처마 끝

청동 물고기

당그랑 당

책 읽어요

2부

달팽이 사랑법

2025년 봄, 인사동 청매

귀천 카페 처마 아래 청매가 눈을 뜨네

주인 잃은 계엄에 꽃눈도 슬픈 오후

귀 막고 꽃 마중 간다

확성기는 혼자 울고

"장무상망長毋相忘"
– 서로 오래 잊지 말자

저 혼자 선산 지키던 소나무 어디로 갔나
합포만 앞바다에 한 척 배 돌연 사라져
문자를 받았습니다 무슨 이런 일이 또...

고쳐매지 못할 슬픔이 하늘에 닿았기에
속 깊은 어른들과 친지들의 말 없음엔
장자의 한바탕 춤이야 말할 바 아닙니다

믿음 깊은 집안 기품 가만히 군말 없이
어딘가 따뜻한 느낌 든든하던 그 사람
심중에 가만 묻을까 하늘 멀리 띄울까

짧고 굵게 살자 입버릇처럼 속절없는
그리움 털어내듯 일 없는 비바람 불어
계절을 앞세워 떠난 낙화 총총 서럽고

우리가 잘하는 일은 뒤늦은 가슴치기
시간 가면 잊혀질 사연이라 하더라도
억장이 무너지는 것 말없이도 잘 알죠

만장 같은 사연 두고 헛말이 필요할까
큰일 치르느라 피붙이들은 말을 잊고
커튼콜, 부르고 또 부르면 돌아서 와 주려나

회자정리 그만두고 다시 한번 만나면
웃으며 손을 잡고 두견주를 마시자
소풍 길 천천히 가자 참꽃 향기 맡으며

벼루

남포석 갈고 갈아 셀 수 없이 벼른 날

다시 별러 돌아보는 세상은 먹먹해라

둥글고 푸른 가슴에 먹빛 물결 스치는 밤

맞벌이 정년퇴직

기껏해야 제 자식

밥 먹이고 키워 낸 이력

내세울 것 하나 없는 당연한 시간이었다

돌아가

사무쳐 보고 싶은 날

꼭 안아준다

품속에

광화문

개천절, 비는 내려 우산 위에 물꽃 예쁜데

시국이 어지럽다 복잡하게 얽힌다

동과 서

어디로 갈까

길을 잃은

남과 북

청계산 계곡

말갛게 헹궈야 할 부끄러움 있나 보다

갓 짜낸 구름 한 필 따라온 냇가에

낮은 곳

더 낮은 곳으로

내려가는

물

물

물

에스프리

큰 병원 오고 간 날

검사 결과 마음 졸이어

남편 몰래 혼자 울었다

'내 힘들다' 외치며

조금 더

지켜보자는 말씀에

'다들 힘내'

기운 내

자목련, 어느 날

자주빛 옷고름 같은,

그 이름 '새론'이라고

그늘보다 적막한

별자리가 되었다

분분한 저잣거리에

이슈 하나 내놓고

시집

살림살이 마련하느라 십 년을 비손했다

무작정 대책 없이 쌓여가는 서재에서

말끔히 청소하는 일

클릭 한번 충분하다

어머니의 마지막 질문

"사람은 태어나면 꼭 죽어야만 한다니

어미가 조금 더 살면 절대로 안 된다니"

죄 없는

눈시울 언저리만

연신 꾹꾹 찍으신다

코로나 커피타임

재택근무 삼시 세끼, 처음 만난 딜레마

아픔은 아픔으로 그리움은 그리움으로

앞 뒷산

다 환해지네

달콤한

시간이 오네

어떤 리모델링

몸져누운 오십 년 일꾼
어째 좀 살리자고
치익 칙 확인 불가 작업은 시작되고
턱까지 파고들 기세 모난 시간 갈고 있다

상한 뿌리 잘라내고
시린 바람 덮어주며
버려야 산다고 눈먼 것도 필요하다고
물보라 돌개바람은 남루를 씻어낸다

그늘진 자리를
채우며 온 낯선 손님
얼얼함도 잠시, 어색함도 잠깐
무감각 위장된 안락에 미래를 위탁한다

대竹나무

텅 비고 마디뿐인 너를 보고 대차다는

역설의 그 한마디 가슴에 와닿은 날

비우고 가벼워져라

마디마디 새긴다

첫사랑, 목련

불현듯 기별이 왔다 그동안 잘 지냈지?

군더더기 다 버리고 요지만 말해야지

사르르 하얀 쪽지에 옮겨 적는 봄 햇살

달팽이 사랑법

미로를 헤매었던 기억이 어지럽다

혼자만의 시간을 익혀 온전히 가야 하리

긴 사색 얻은 힘으로 바람의 연인처럼

통영 동백길

눈을 덮고 밤새운 지난겨울 그 사랑

못다 한 고백인가 차가운 손을 잡고

지상에 당신이 펼친 레드카펫 눈부시다

3부

어머니의 종이학

미생未生

날을 벼리고자 칼갈이 찾아내어
어질한 세상에 몸통을 밀어 넣고
돋아라 뜨거운 날개
간절하게 한 번쯤

가슴팍 맺힌 옹이 단번에 잘라냈다
꽃송이 받쳐 든 바로 그 꽃받침 같은
꽃보다 착한 노래는
누가 있어 부를까

따뜻한 일상이 그리운 사람끼리
철새를 생각했다 여린 죽지로 먼 길 가는
단 한 번 쓰여도 좋으리
무딘 칼이 사는 법

꽃 핀

한눈에 잘 꽂히어 눈에 들고 싶었지

오롯이 받들어 빛나는 꽃이 되라고

손꼽힌 그 자리에서 한참 보고 있었지

어머니의 종이학 1

어눌한 손가락으로 손톱만한 학을 접는다

색을 버린 엄마가 키워낸 오색날개

날아갈 채비를 한다 내리사랑 앞섶에서

어머니의 종이학 2

한 마리 접는 일은 눈 감고도 환하다며

내리사랑 입김을 따뜻하게 불어 넣고

날아라 주문을 왼다

젖 냄새 앞섶에서

어머니의 종이학 3

겹겹이 닿은 손길 천 마리 학이 되어

하늘빛 우러르며 손바닥 차고 올라

마침내 하늘을 난다

아흔 소원 영근다

만추晚秋

바람을 앞세우고 하늘 보며 키 크는 마을

나무들은 가지마다 먼 우주의 별을 달았다

가을은

별만 뿌려놓고

돌아가는

우주선

목련

보세요 젖빛 걸음 환하게 오시네요

동안거 끝내고 잔설 드문 산문山門을 나서

손으로,

해수관음의

두 손으로,

오시네요

가을날

내가 나를 노을 앞에서 어루만져 위로하는 날

나무 아래 친구 이야기 오래도록 듣는 날

책 읽어 사람 되자고 책상 앞에 앉는 날

폭설 소묘

고요의 한 복판을 가로질러 내려와

오도 가도 못하게 막아버린 점령군

발자국 자꾸 지우느라 이불 덮는 저 하늘

백담 계곡 큰스님

던지면 맑은소리 쨍 울릴 듯

하얀

돌
돌
돌

탑 쌓는다 냇물 흐른다 물소리도 따라간다

그 잔돌

어루만지듯

남아있는

긴
말
씀

증명사진

자소서 이력서 수백 번 들고 나며

A4 우측 상단 딱풀로 버티고 있는

웃지도 울지도 못해 굳어버린 초상화

의자를 고를 때

불룩하게 솟았다고 다 편한 건 아니다

선뜻 마음에 들어 앉아보면 아닐 수도

선입견 그 틀 안에서

고정된 시각일 뿐

배고플 때 장을 보면 바구니 가득 채우듯

다리가 아픈 날은 의자를 사지 말라

방전된 머리 깨우는

그 비유 번개 친다

오독誤讀

퇴근길 대로변에 허름한 봉고 한 대

빨간 글씨 현수막 낡은 팔을 흔든다

단번에

활짝 펴 드립니다

부러진 꽃

찍힌 꽃

희양산 봉암사 선방

물빛 하늘 우러르니 바위산이 눈앞이다

산바람도 까치발로 가만가만 지나는 곳

풍경도

묵언 한 마당

추녀 끝에

가만히

은퇴 바이오리듬

출퇴근 없는 나날 눈치챈 모양새

오늘도 주말 증후군 풀어진 방학이다

아무리 긴장하래도 일 없는 것 아는 듯

4부

일곱 살 어느 날

어떤 불이문
- 건군 76주년 국군의 날

서울 시내 한복판을

삼천 군인이 걸었다

든든한 첨단무기

앞세우고 당당하게

나라를 지키는 일에

너와 나, 둘 아니다

무허가 건축

저 맑은 공기 속에 둥지 지은 코비드 19

천문학적 철거비용이 지출되고 있구나

미안해

창천 저 푸른 숨

마음껏 다

누린 일

일곱 살 어느 날

김해평야 너른 들 옆 낙동강 물길 따라

황포돛대 목선 띄운 봄나들이 아득하네

강바닥

하얀 재첩들

손 잡힐 듯

깔린 날

어떤 좌판

겨울비 내리시는 에펠탑 모롱이에
메이드 인 차이나 반짝이며 앉아있다
한 방울 비쯤이야 오든 말든
나그네 눈에 들어야지

손님보다 더 많은 좌판 사이 우산 펼치고
발걸음 재촉하는 연인들 앞으로
탑 하나 모셔가라며
젖은 손을 내민다

빵을 찾아 건너온 아프리카 총각들이
개천에서 용 나라 길목에 터를 잡고
머나먼 꿈을 키운다
먹빛 빗물 닦는다

순리順理

긴 가뭄, 저수지 바닥이 드러났다
하늘만 믿고 살던 그 동네 민초들은
온몸을
드러내 놓고
그대로 누울 수밖에

한줄기 비 소식 목을 빼고 기다리다
뜻밖의 수확에 신이 난 사람들
민심을
주워 담는다
폭력보다 더 아픈

자목련 깨다

풀렸나 했더니 도로 감긴 꽃샘추위

설친 잠 확 달아난 듯 동그랗게 꽃눈 열리어

엄마 품

젖 먹는 아기 볼에

분홍 물이

발그레

다섯 번째 화엄

조촐한 가을이다 퇴직하고 맞이하는

천수관음 외우며 가는 들국 소국 절로 핀 산길

고맙다

눈썹에 가르마 나도록

빼곡했던

그 하루

사라 호 태풍

자정까지 쏟아져 등까지 차오른 물
온천시장 깡통골목 굽이쳐 돌아가던
총총한 그 날의 빗발 아직도 선명하다

검은 물이 밀려오는 신작로 한복판을
다섯 살 꼬맹이 소녀 목마 태운 아버지
한 마리 연어가 되어 탁류 뚫고 오른다

수마에 휩쓸려가면 그만이던 난리통
비 한 방울 닿지 마라 발끝까지 둘러싼
든든한 어깨 위에는 태풍이란 없었다

해우소

하이얀 사기그릇에 맑은 샘 부려놓고

근심을 해결하는 짧은 시간, 그 사이

먹는 물

그조차 사치 같아

미안하다

아프리카

봉수산 "천년의 숲"

솔 향기 짙은 산길 오르는 우리 눈에
아름드리 밑동마다 V자 흉터 놀랍다
시멘트 한 덩어리씩 끌어안은 소나무

옆구리 도려낸 홈 사이로 흘러내린
진득한 송진을 양동이에 채우고
군산항 실어나르는 그 날이 떠오른다

너를 보내야 하는 뜨거운 시간 앞에
이 땅에 뿌리내린 목숨이 겪었을
관솔불 지펴 든 그 밤 생생하게 보인다

해묵은 나무구멍에 비 들고 흙먼지 쌓여
풀씨들 싹 트고 산새도 집을 지은
조선솔 굽은 허리가 산비탈을 지킨다

남도 문학기행

– 김달진 생가에서

웅동골, 시를 짓고 가르치던 집으로
우리는 물이 되어 편안하게 흘러갔다

남도 끝 산자락까지
힘 하나 들이지 않고

보드라운 흙 마당에 나지막한 초가집
외갓집에 손녀 오듯 낯익은 풍경 고맙고

앞들엔
벼 자라는 소리 사분사분 정겹다

고향을 지키는 꿋꿋한 바람벽으로
어둠을 밝히는 빛이 된 큰 어르신

그 노래
종소리 되어
맑은 귀를 적시네

남한강 향산 여울

강물과 도담삼봉, 완벽한 데칼코마니

물에 비친 산수화 한 폭 갈대숲 그 아래

고요한

그늘 속으로

발 담그는

나무들

서초동 현자*

어제는 역사이고 내일은 미스터리
굵은 빗줄기 하염없이 내리고 내려
저녁별 숨어 버린 곳 사방천지 물이다

지하철 입구는 어디인지 알 수 없다
물에 잠긴 자동차 두고 어디로 갈 것인가
차 지붕 그 위에 앉아 비의 배후를 찾는 밤

물 속인 듯 물 위인 듯 허기진 시간이 간다
누가 저 하늘을 슬픔에 젖게 했나
핸드폰 두드려 찾는 어디 없나 마른 곳

* 서초역 물에 잠긴 자동차 위에 앉아 비를 맞던 신사를 풍자한
신문 헤드라인.

불현듯, 골절

결단코 예정에 없던
지구와 충돌했다

새알처럼 흩어져버린 왼팔 뼈 여러 조각
어미 품 그대로 접고 집 나가려 했을까

순간의 무심이
중력과 충돌한 현장

응급실 모니터에 정지한 눈빛이
난감한 숙제를 예감한 듯 무거운 침묵이다

통증 잊고 잠든 사이
이 시대 편작은

단숨에 알을 모아 제 둥지에 들여놓고
가만히 품어주란다 날개 돋을 때까지

웃음 있는 하루가 가장 좋은 날

인간이 두 발로 서서 남은 두 팔을 들고
능금나무 열매를 따서 한입에 먹기까지
한 세계 800만 년이 온전히 걸렸단다

침대에 누웠다가 어느 날 일어서고
네발로 기다가 두 다리로 서기까지
일어나 걷는 것만큼 더 큰 기쁨 있을까

아이 하나 키우려면 온 마을이 필요해
치킨 굽는 푸드트럭 만나면 달려가
양팔이 늘어지도록 한껏 사면 좋겠다

보육원 식탁 위에 까르르 웃음 터지는
그렇게 환해진 날 반갑게 우리 만나
종아리 알이 배도록 자락길 따라 걷자

5부

서호 낙조 아래서

지금은, 종심從心

진솔한 시조 한 수를 노래하고 싶은 날
멀리 지리산 찾아 큰 나무에 기대어

즐겁다 마음 바꾸고 힘을 받아 살았지

시집 한 권 낸다고 지인을 초대하려니
눈에 드는 좋은 시, 자랑거리도 별로 없어

이 마음 중심中心을 세워
부끄러움 달랜다

오소서, 좋은 시인이 되었거나 아니거나
가진 것 그만큼 이 찰나 함께 있음에

호수에
구름 스치듯
노래하고
가소서

부부 식탁

붉고 매운 청양고추 멸치 몇 개를 잘라 넣은
강된장 뚝배기에 보리밥을 비벼 먹으리
도통한 성철스님도 자청하신 공양주

밥 먹고 먹이며 살아가는 일생 중에
전업주부 밥상 차리기 신성한 의식이라
포만감
가득한 날은
웃으며 나를 안으리

이만하면 세상만사 순풍순풍 봄바람
향기가 넘치는 젊은 날 우리 꿈처럼
모든 날 살아 있어 좋은 날
언제나 청춘이다

만학晚學 1

오늘도 즐겨 만든 위리안치 그 안에
두문불출 시를 읽다가 저절로 시를 읊어
흥겨운 따라쟁이는 k-팝 춤을 추리라

구부러진 어깨에 흰머리 듬성듬성
주름진 어르신이 어렵사리 걸음마
돌잡이 아기들처럼 두어 걸음뿐이어도

해냈다는 눈물 어린 웃음이 터지고
조선의 여인들은 마침내 쓰고 또 쓴다
한 구절 귓전에 닿아 귀명창이 되는 날

만학晩學 2

웃음소리 짱짱해라 시집까지 낸 할머니들
수원문협 문학대학 팔순에 등록한 학생
오늘은 내생來生보다는 훨씬 이른 젊은 날

금목서 은목서 라일락 향기 그윽하다
하루 흘러 한 달 되고, 한 달 흘러 일 년 되고

망가진 수레는 나아갈 수 없고

서둘지어다 그대!

만학晚學 3

남은 날이 산 날보다 턱없이 짧아
만지작 거리다만 올리브색 버버리를
열심히 살아온 나에게 곱게 곱게 선물한다

바람 따라 바램을 담아 올리는 공양이다
해수면이 높아지는 위기의 지구공동체
햇빛이 사라지기 전에 빙하가 녹기 전에

시월이 가까이 오면 오로라를 만나러
북국으로 날아가자 오랜 시간 눈을 감고
가볍고 둥근 바구니에 샤인 머스캣 한 송이

그 옆에 빨간 딸기를 하나씩 음미하면서
구운 빵 버터를 발라 위스키에 커피 한 잔
웃음은 묘약이란다 웃기 때문에 행복하다

지워지는 기억을 귀동냥으로 되돌려
돌아서면 지워져도 따라쟁이 하면서
설국을 찾아갈 때는 이왕이면 유장하게

웃고 또 웃음 터지는 서툰 영어면 어떠하리
고작 15초 웃음에 48시간 수명연장이라
웃음이 짧은 인생에 가장 남는 장사라

웃음없는 하루는 아무 쓸모 없다고
찬란한 기억 속에 채플린도 말했어
누군가 떠나고 나면 어떤 이는 다시 와

12월에 쓰는 편지 1

찬 바람 불어오고 창밖엔 낙엽 쓸려
학생들 가르치다 또 한해가 훌쩍 간다
끝없는 시작이라고 쳇바퀴 돌아가듯

겹겹이 쌓인 화두, 좋은 학교 즐거운 교실
새해에는 무엇을 어떻게 교육할까
아이야, 머문 순간들 어디서도 보람되게

모양의 멋보다 마음을 아름답게
소박한 정성 모아 오늘도 사제동행
꿈 있어 즐거운 교실 가꾸어 나아가자

12월에 쓰는 편지 2

경희야 스물하나 늦은 나이에 들어와
자존심에 고개 숙이고 힘든 일은 도맡고
언니인 너가 든든해 특별실까지 맡긴 나

야무지게 관리 잘해 미안하고 고마웠지
너는 되려 믿어준 담임이라며 인사하니
세상은 서로가 서로에게 주고받고 사나 봐

키 작은 영미는 입학시험 신체검사
옷깃에 동전과 돌을 둘러 몸무게 늘여
간신히 합격한 학교 공부만도 벅찼지

12월에 쓰는 편지 3

현장 실습 기숙사 교실 반장까지 도맡고
세끼 밥이 꿈만 같아 초코파이도 아꼈지
막걸리 취한 아버지 피해 도망 다닌 보리밭

네 몫의 배움이 끝나 올 밖으로 가는 날
어깨를 맞댄 아이들 어디로 갔을까
교실이 엄마라는 것 이제는 알았겠지

이야기 나누다 종례 마치고 너희들 함께
캄캄한 복도를 지나 소등된 교문 나설 때
저 멀리 버스 한 대가 얼마나 반가웠니

12월에 쓰는 편지 4

내 일이 있어야 내일이 있다는
한 마디가 실감 나는 3학년 졸업까지
여학생 밝은 미래가 그 자리에 있었구나

교육은 백년대계 큰 틀은 똑같지만
공부해서 남 주자 짧고도 강한 메시지
배우고 익히는 기쁨 무엇보다 큰 낙이다

캠퍼스 직장생활 그 뭐든 도전하라
취업과 저축, 진학까지 한꺼번에
혼자의 시간을 익혀 온전히 가야 하리

12월에 쓰는 편지 5

뿌린 대로 거두는 삶 올바르게 가는 길
눈앞은 힘들어도 어느 날 좋은 일이
내면에 잘 쌓은 실력 고운 빛을 발하리

진학이다 취업이다 앞길 훤히 밝았다
가르치기보다는 내가 더 많이 배운
스승과 제자의 관계 이제는 친구처럼

다 같이 늙어가며 밥 먹고 차 마시고
남편 자랑 자식 자랑 들어주는 선생이라
제자의 아들딸에게 혼례 축의금 보내며

아지랑이 붙들고 으스대다 간다 해도
너희들은 보물이라 나에겐 보석이라
어쩌다 떠올려보는 담임이라는 짝사랑

나혜석 1
– 범종처럼

행궁동 낙엽들이 사임당 지폐처럼
햇살이 가득한 골목 생가터를 스친다

어느새 겨울도 가면
따스한 봄이 오리

아기를 낳는다는 것 꽃보다 아름다워라
그 아기 돌보는 힘은 어디서 오는 걸까

멀수록 반짝이는 별
그곳에서 왔으리

목마른 열정 품은 조선의 미술학도
억새의 목울대로 하늘을 올려다본다

종소리 울려야겠다
깨어나라 여성이여

나혜석 2
– 라일락 신부

뜨겁게 청혼한 남자에게 말했지
지금처럼 사랑하고 마음껏 도우면서
온전히 나를 그리며
순리대로 살겠다고

강점기 식민지 어렵게 살다간 사람
결핵으로 요절한 천재 시인 내 사랑
무모한 부탁이지만
추모비 세워주오

혼례식 올리는 성당 꽃향기 은은해라
첫사랑 봉분을 찾아 돌비석을 세워준
한 떨기 라일락이다
지지 않는 꽃이다

저녁내 펑펑 눈 쏟아지고 깊은 밤
신혼여행 가는 길 약속 지킨 나의 반려
아내의 순정한 마음
보듬어준 그 사람

나혜석 3

- 자유혼, 파도를 타다

만삭의 몸으로 서울에서 전시회 열고
여학생 서양화 전공 조선 사람 신분으로
겹겹이 얽힌 매듭을 걸림 없이 풀었다

화폭 속을 나 홀로 저항하며 걸어가며
미추의 경계를 넘어 야수파를 그려내고
열정을 맘껏 펼치며 세계 일주 여행까지

어쩌다 눈먼 사랑에 영혼은 덧칠되고
두 번 세 번 거듭된 나락의 길이여
허물이 내 발목 잡아 굴곡진 길을 간다

산보다 더 높은 것이 도처에 숨어있어
소문이 깊어진 만큼 바벨탑이 솟아나
쓰디쓴 독배를 들고 온몸을 내 던진다

밀려온 파도를 타고 펄펄 뛰는 내 심장
만공 선사 찾아가 엎드리며 절했으나
부처님 공부할 사람 아니라는 말씀뿐

나혜석 4
– 다시 붓을 들고

수평선 저 너머 사라진 꿈이여
무너질 줄 알면서 세워놓은 돌탑처럼
안개꽃 붙들고 살다
그렇게 가는 것을

적막에 어긋난 생애 진하게 색칠하리
여자의 길 사랑의 길 캔버스에 담아내리
어머니 위대한 여정
해처럼 솟아나라

발등에 힘줄 세워 미명을 딛고 올라
그 하늘 우러르며 세상 두루 공부하여
내 속에 열정을 살려
선각자의 길을 내리

나혜석 5
– 봄날이 오면

겨우내 볕을 받아 행궁에 벚꽃 피고
지상에 새긴 약속 태평성대 나팔 소리
떠날 때 큰 아픔일까 두려움은 없었다

에펠탑 도쿄 풍광 자화상도 그리며
골 깊은 식민지 조선의 여성으로
눈보라 젖은 신발들 따뜻하게 데워주리

내 심장 불꽃처럼 타오르는 젊은 날에
간절한 바람으로 예술의 길 온전하게
지구를 돌아 돌아와 다시 한번 그려내리

누구도 따를 수 없는 지평을 펼치며
행궁동 터를 잡고 나의 꿈 꽃 피우리
실핏줄 여린 손목으로 여자의 길 열어가리

서호西湖 낙조 아래서

여기산 물그림자 아미蛾眉를 그리는 시간
서호천 물길 따라 천천히 걷노라면
잔물결 색을 입는다 말굽 소리 들린다

물에 비친 구름 위로 길을 내는 철새 떼
능소화 빛 윤슬 딛고 둥지 찾는 백로들
문명에 남은 목숨을 깃발처럼 펄럭이고

둘러선 아파트 창에 하나둘 별이 뜨면
풀잎 사이 반딧불이 혼불처럼 맴도는
축만제祝萬提 그 이름을 짓고 돌에다 새긴 사람

달빛 젖은 강산은 몇 번이나 굴렀을까
우리 생生 파종과 추수 그 반복 아니던가
만석꾼 백성 되시라
왕의 노래 흐른다

10월, 행궁 사색

쓰다만 자서전 채우러 그가 온다

200년 전 발을 떼신 정조대왕 능행차, 창덕궁에서 노
들섬 배다리 타고 융릉까지 울긋불긋 오방색 절정이네
이산李山과 다산茶山 선생 몇 겹의 인연으로 아름다운
수원 화성 오밀조밀 지었나 젊은 임금 청용이라 해 뜨는
창용문蒼龍門, 평안하라 장안문 사통팔달 팔달문 개혁
군주 새바람 거침없는 신풍루, 장대같이 높은 성벽 받침
돌 하나하나 풀같이 살다 간 서러운 이름 새겨두고,

어머니 혜경궁 홍씨 회갑잔치 봉수당奉壽堂 늙기 전에
미로한정未老閒亭 나이 들면 노래당老來堂 한가하게 모
시리 아무것도 아닌 소원, 그나마 어긋나 뒤주 앞에 쏟
은 눈물 아직도 젖어있네 회한 많은 이 땅의 주인 언제
다시 오실까 행궁 마당 구르는 한 잎 낙엽에도 역사의
푸른 달빛은 온전히 다녀갔으리

저만치 이천십칠년 어가御駕 행렬 오신다

해설

나를 찾는 시조, 시조를 찾는 나

나를 찾는 시조, 시조를 찾는 나

문무학
시조시인, 문학평론가

●

1

문학 활동은 왜 하는 것일까? 라는 질문에 답을 찾는 길은 외길이 아니다. 출발지에서 목적지까지 한달음에 쭉 내리 달릴 수 있는 그런 고속도로가 아닌 것이다. 오솔길도 있고 골목길도 있으며 험한 산길도 있다. 곁길에 샛길에 갓길도 있다. 그러나 길은 다 길을 물고 있어 길로 이어진다. 삶을 길에 비유해도 그렇다. 삶을 한마디로 설명하기 어렵듯이 문학 활동을 하는 까닭도 한마디로 답할 수 있을 정도로 단순하지 않다. 단순한 것이었다면 인류사에 그렇게 많은 문인들이 문학에 매달리지 않았을 것이다. 문학은 인간의 삶을 표현하는 언어 예술이기 때문에 사는 일처럼 간단할 수 없는 것이다.

그러나 아주 넓은 의미에서 답을 찾자면 자기표현과 소통의 길이라는 것을 떠올릴 수 있다. 자기표현이란 자신의 생각, 감정, 경험을 드러내는 것이다. 그것이 자신의 내부에 머무는 것이 아니라 외부와 소통했을 때 문학이 된다. 이것이 독자와의 교감이다. 넓은 길에서 곁길로 빠져보면 작가의 생각과 감정, 경험이 독자와의 교감을 통해 세상을 이해하고 탐구하는 수단이 되어, 사회문제, 인간의 본질 등을 깊이 있게 다루며 독자에게 세상을 보는 새로운 창을 열어준다. 거기에서 그치지 않는다. 문학은 기억과 역사를 보존하는 역할을 하기도 한다.

장 폴 싸르트르는 "실존은 본질에 앞선다."는 명제로 실존주의 철학을 구축했다. 인간에게는 미리 정해진 본성이 없으며, 자유로운 선택과 행동을 통해 스스로 본질을 만들어 간다고 한 것이다. 그는 삶에서 '선택'을 중요하게 생각했으며 영어의 알파벳 ABCD 순서에 착안 "인생은 B와 D 사이의 C"라고 했다. B는 Birth〔출생〕, D는 Death〔죽음〕, C는 Choice〔선택〕, 절묘한 언어유희다. 이렇게 선택을 중요시하며 제시한 삶의 길은 "나는 내가 선택하는 존재의 방식으로 존재해야 한다."고 했다.

시조시인 김경옥은 삶에서 문인으로, 문인 중에서도 시조시인으로 살아가기를 선택했다. 그의 선택은 시조를 쓰는 행동을 통해 스스로의 본질을 만들어 가고자 하는 것이다. 이미 김경옥은 스스로 선택한 방식으로 존재하고 있다. 그가 선택한 시조를 쓰는 방식으로 살아가고 있기 때문이다. 존재의 이유로 데카르트는 "나는 생각한다, 고로 존재한다."는 명제를 남겼고, 싸르트르는 "나는 오직 글쓰기를 위해서만 존재했으며, '나'라는 말은 '글을 쓰는 나'를 의미할 따름"이라고 했다.

김경옥 시조집의 작품 해설에 이 같은 존재와 본질의 문제를 머리에 얹는 것은 이 시조집의 「시인의 말」에서 비롯되었다. 시인은 어느 날 문득 만난 한 권의 시조집에서 그 길을 발견한다. 그리고 시조를 쓰는 것으로 자신의 본질을 만들어 가고자 하는 뜻을 세운다. 그 뜻을 이루기 위해 땀을 흘리겠다고 작심한다. 그런 뜻이 겸손하게, 그러나 단호하게 드러나고 있다. 이를 출발점으로 해서 문학 활동을 왜 하는 것일까? 에 대한 김경옥 시인의 대답을 들으러 길을 나서 보자.

2

연보라 달빛에 홀린 소소밀밀 꽃 사잇길

벤치에 허브차 두 잔 이보다 더 좋으랴

지극한

마음이 닿아

먼 왕조도

지척이다

－「노송지대 꽃길에 앉아」 전문

표제작인 이 작품은 이 시조집의 성격을 대체로 드러낸다. 이미지가 선명하고 함축이 잘 되어 말은 짧아도 뜻은 깊은 언단의장言短意長의 맛을 제대로 살려낸 작품이다. 화자는 지금 노송이 성글게 여기저기 서 있고, 산책길 양쪽에 연보랏빛 맥문동꽃이 피어있는 벤치에 앉아있다. 그 위로 달빛이 쏟아진다. 달빛은 스스로 빛을 내는 것이 아니라 태양의 빛을 반사하는 것인데 맥문동꽃에 쏟아지는 달빛은 맥문동 꽃빛을 닮지 않을 수 없다.

그런 달빛 비치는 숲 벤치에 앉아 차를 마신다. 허브차가 두 잔이니 혼자는 아니고 둘이다. 사람을 숨겼다. 그러나 읽는 사람은 알 수 있다. 함께 차를 마시는 사람의 마음이 내게 전해지고 내 마음 또한 그에게 전해지리라 믿는다. 구체적으로 어떤 사람과 차를 마신다고 하지 않고 사람을 숨기고 '허브차 두 잔'으로 표현했다. 적절한 생략이다. 그런 분위기라면 더 바랄 것이 없는 순간이 된다.

종장은 음보별로 행갈이를 해 그 고적한 분위기를 천천히 음미하게 한다. 마음이 한 자리 있다면 그 지극함으로 먼 왕조까지도 눈앞이다. 마음속의 거리는 아무리 큰 자로도 정확히 잴 수 없지만 '지척'은 아주 가까운 거리다. 함께 차를 마시는 사람과의 거리쯤이다. 이 시에서의 거리는 여기서 저기까지의 거리가 아니라 비바람 견뎌온 노송, 달빛 받아 더 빛나는 맥문동꽃, 왕릉에 안장된 어느 왕조까지의 시간의 거리가 될 수도 있다.

잘 익은 감나무 끝에 하마 벌써 한가위 달
백 년 만에 추석 슈퍼 문 어둠을 밀어내고
낮보다 더 눈부신 달이 나무 사이 걸렸다

질풍노도 지나며 풋내도 삭히며
나 다운 나를 찾아 모서리를 깎는 시간
그 눈빛 깊어진 만큼 향기 더욱 짙어라

죽순처럼 쑥쑥 자란 명문장으로 그득한

시집들이 시집온 우편함은 배가 불러
김매기 거름 없이도 살이 오른 가을날

－「백로와 추분 사이」 전문

'백로'는 24절기 중 열다섯 번째 절기로 밤에 기온이 낮아져 이슬이 맺히는 때로 가을이 시작되는 시점이고 '추분'은 열여섯 번째 절기로 가을의 한가운데에 해당한다. 밤낮의 길이가 같고 낮 시간이 점차 짧아지기 시작한다. 그러니까 결국 '가을', 더 구체적으로 표현하면 '초가을'이 되는데 화자는 그렇게 하지 않고 '백로와 추분 사이'라고 했다. 제목의 밋밋함을 벗어나기 위한 장치가 되는데 무엇이 더 있을 것 같은 느낌을 주기도 한다.

화자는 지금 달을 보고 있다. 그 달은 감나무 끝에 걸려있는 한가위 달이다. 둥글대로 둥글어 달의 완전한 모습을 드러낸다. 그래서 어둠을 더 많이 몰아낼 수 있는 힘을 가졌다. 초승달로부터 저리 온전히 둥글기까지 걸리는 그 시간이 「백로와 추분 사이」의 시간과 같다. 구름이 달빛을 가리기도 했고 벗어나기도 하는 것을 겪는 달이 둥그는 과정이라 본다면 그 달빛은 낮보다 밝을 수는 없다 해도 낮보다 더 눈부실 수 있다.

둘째 수에서 '잘 익은 감'은 그냥 익은 것이 아니다. '질풍노도〔Sturm und Drang〕'는 18세기 후반 독일문학에서 나타난 문예사조인데, 청소년기에 겪는 심한 감정적 동요와 혼란을 비유적으로 표현할 때 사용된다. '잘 익은 감'은 비바람에 혼란을 겪었을 것이며, 풋내를 거쳐 떫은 내까지 삭혀왔다. 그 시간을 인간의 삶으로 끌고 오면 "나 다운 나를 찾아서 모서

리를 깎는 시간"이 된다. 그 동요와 혼란이 크면 클수록 향기
는 더욱 짙어질 것이다.

셋째 수에 오면 시인의 삶으로 시점이 이동된다. 어느 시인
이 혼을 쏟아부은 시집이 우편함에 배달된다. '시집'이라는
동음이의어를 활용하는 재치가 보인다. 그 시집을 꼼꼼히 읽
어보지 않아도 마음의 살이 차오르는 듯하다. 첫수의 달, 둘째
수의 감, 셋째 수의 시집이 모두 성숙으로 가는 고통을 이겨
낸 것들이다. '백로와 추분 사이' 가을걷이가 시작되는 시점이
라 거둘 것 많은 가을임을 환기시켜 주기도 한다.

3

삼천 번은 넘어져야 겨우 걸음마 된다는데
그 높은 고비마다 나 혼자 넘었을까
내 손을 꼭 부여잡고 한 발 한 발 걸었을

－「엄마, 그 따뜻한 손으로」전문

나는 어디서 왔을까? 존재의 근원을 찾는 물음이다. 내가 나
로 서 있을 수 있게 된 것은 엄마가 손을 잡아주었기 때문이
다. 교술의 의미가 강하지만 나를 찾는 길에서 절대로 제외할
수 없는 일이다. 이 작품에서 비롯되어 '다섯 살 꼬맹이 소녀
목마 태운 아버지'의 「사라호 태풍」이 있고, 「일곱 살 어느
날」을 떠올리기도 하며, 그렇게 세월은 흘러 "살아 있어 좋은
날"「부부 식탁」에서 마주 앉았다.

그러나 그 세월은 눈 감짝 할 사이 「맞벌이 정년퇴직」을 맞

게 되고, "출퇴근 없는 나날"의 「은퇴 바이오리듬」을 만들어야 했으며, "천수관음 외우며 가는 「다섯번째 화엄」을 만나기도 한다. 그 잔잔한 일상이 「불현듯 골절」를 만나고 더 큰 아픔을 만나 병원에 드나들며 "조금 더/ 지켜보자는 말씀에/ 다들 힘내/ 기운 내" 라는 「에스프리」를 외치며 정신 차려야 했다.

> 몸져누운 오십 년 일꾼
> 어째 좀 살리자고
> 치익 칙 확인 불가 작업은 시작되고
> 턱까지 파고들 기세 모난 시간 갈고 있다
>
> 상한 뿌리 잘라내고
> 시린 바람 덮어주며
> 버려야 산다고 눈먼 것도 필요하다고
> 물보라 돌개바람은 남루를 씻어낸다
>
> 그늘진 자리를
> 채우며 온 낯선 손님
> 얼얼함도 잠시, 어색함도 잠깐
> 무감각 위장된 안락에 미래를 위탁한다

-「어떤 리모델링」 전문

　이〔齒〕를 치료받는 과정이 시조 한 편이 되었다. 첫째 수, 치아가 병든 원인을 찾아내는 과정의 두려움이 표현되고 이를 갈아내는 고통을 겪는다. 둘째 수는 원인에 따른 치료가

이루어진다. 치료를 받으면서 "버려야 산다고 눈먼 것도 필요하다고" 라는 깨달음을 얻는다. 상한 치아의 부분을 잘라내고 시리지 않게 하는 치료과정의 의료기가 물보라를 일으키고 돌개바람을 일으키는 가운데 두려움과 고통을 느끼며 스스로를 달랜다. 셋째 수는 상한 치아를 덮어씌운 이물질, 그 물질은 이내 내 몸이 되고 '위장된 안락'에 미래를 맡긴다.

걸음마로 시작하여 다섯 살 일곱 살을 거쳐, 결혼을 하고, 부모가 되고 일터에서 혹사한 몸이 상하는 시간에 이르렀을 때, 어머니는 종이학을 접는다.

> 어눌한 손가락으로 손톱만 한 학을 접는다
> 색을 버린 엄마가 키워낸 오색 날개
> 날아갈 채비를 한다 내리사랑 앞섶에서
>
> ‒「어머니의 종이학 1」 전문

종이학을 접으며 노년을 견디던 어머니는 화자에게 묻는다.

> "사람은 태어나면 꼭 죽어야만 한다니
> 어미가 조금 더 살면 절대로 안된다니"
>
> 죄 없는
> 눈시울 언저리만
> 연신 꾹꾹 찍으신다
>
> ‒「어머니의 마지막 질문」 전문

자식의 마음을 모를 리 없지만 이런 질문을 하는 어머니는 "눈시울 언저리만/ 연신 꾹꾹 찍으셨" 지만 이 질문을 받는 화자는 어디 찍을 곳도 찾지 못했으리라. 이런 시를 만나면 시를 해설하는 일이 참으로 어줍잖은 일이라는 것을 깨닫게 한다. 그러나 어머니의 말씀과 행동만 표현하고 질문을 받는 화자의 감정에 대해서는 한마디 말도 없다. 이른바 감정의 절제가 이루어졌다. 이런 질문을 받아본 사람들이 공감하지 않을 수 없다.

유년으로부터 가정을 이루고 살아온 내력이며, 그 가운데서 어머니의 나이 드신 삶을 바라보는 작품들, 「엄마, 그 따뜻한 손으로」로부터 「어머니의 마지막 질문」까지 14편은 김경옥 시인이 시조로 쓴 자서전이다. 여기에 가르치며 산 삶을 돌아보는 「12월에 쓰는 편지」를 삽입하면 자서전은 더욱 충실해지겠다. 특히 '엄마'로 부른 작품으로 시작 '어머니'로 부르는 작품으로 연결하면, 작품 속의 화자나 그 누구가 아니라 우리 모두의 삶을 압축한 것임을 보여주고 있다. 사람의 한 생애를 숙연하게 펼쳐 공감의 폭을 넓힌다.

4

오늘도 즐겨 만든 위리안치 그 안에
두문불출 시를 읽다가 저절로 시를 읊어
흥겨운 따라쟁이는 K 팝 춤을 춘다

구부러진 어깨에 흰머리 듬성듬성
주름진 어르신이 어렵사리 걸음마

돌잡이 아이들처럼 두어 걸음뿐이어도
해냈다는 눈물 어린 웃음이 터지고
조선의 여인들은 마침내 쓰고 또 쓴다
한 구절 귓전에 닿아 귀명창이 되는 날

– 「만학 1」 전문

늦은 나이에 공부하는 기쁨을 표현했다. 시를 공부하기 위해 스스로를 위리안치 시키며 시를 읽고 읊는다. 읊으면 신이 나서 춤을 추고 싶다. 배움을 따라가는 속도가 느리지만 느리게 얻은 사색으로 시가 되면 더 즐거운 법인데, 그 기쁨을 위해 쓰고 또 쓴다. 쓰고 또 쓰는 노력은 끝내 다른 사람의 귀에 명창처럼 들릴 한 구절을 얻을 수 있다. 「만학 2」는 쓰고 쓴 것이 모여 시집이 되고, 「만학 3」은 그렇게 열심히 매달리는 화자를 스스로 위로한다.

배움은 자연스레 화자가 가르치던 시절로 돌아가고, 화자로부터 배우던 얼굴들을 떠올린다.

찬 바람 불어오고 창밖엔 낙엽 쓸려
학생들 가르치다 또 한해가 훌쩍 간다
끝없는 시작이라고 쳇바퀴 돌아가듯

겹겹이 쌓인 화두, 좋은 학교 즐거운 교실
새해에는 무엇을 어떻게 교육할까
아이야, 머문 순간들 어디서도 보람되게

모양의 멋보다 마음을 아름답게

소박한 정성 모아 오늘도 사제동행

꿈 있어 즐거운 교실 가꾸어 나아가자.

-「12월에 쓰는 편지 1」 전문

다섯 편의 연작 중 하나다. 배우면서 가르치던 시절을 돌아보는 것이다. 교학상장教學相長, 가르쳐본 사람은 알고 있다. 배우고 가르치는 과정에서 배우는 사람도 가르치는 사람도 함께 성장한다는 것을…,「12월에 쓰는 편지」 연작은 2에서 늦은 나이에 입학했던 학생, 3에서는 가정 형편이 어려웠던 학생, 4에서는 공부하는 학생들에게 용기를 주고, 5에서는 이제 "가르치기보다는 내가 더 많이 배운' 것들을 회상하며 제자를 사랑하는 스승의 마음이 따뜻하게 배어난다.

5

이렇게 가르친 경험을 가지고, 시를 공부한 시인은 알지 못하던 세계를 보았다.

서툴게 꺼내어 앞뒤 없이 휘두르고

바쁘다 지워버린 채 돌아보지 못한 날

저 칼은

짙은 향기로

허공만을

가르네

-「춘란 한 잎」

누구나의 집에 있을 법한 춘란 화분 하나, 바쁘다는 핑계로 돌아보지 못했지만, 춘란은 꽃을 피워서 향기를 내뿜는다. 가늘고 긴 잎, 그 춘란의 잎을 칼에 비유한 것은 새롭다. 난초는 식물이어서 향기가 짙어서 대부분 곱고 여리게 그리고 부드러운 수사의 옷을 입히지만 화자는 빼든 칼에 비유했다. 새롭다. 그러면서 힘 있다. 이런 비유를 입으면 난초 잎은 연약한 것이 아니다. 그 칼은 "짙은 향기로/ 허공만을/ 가르네" 로 표현되어, 난초 향기가 강하게 퍼지는 것을 허공을 가르는 칼로 가른다는 의미로 확장된다.

텅 비고 마디뿐인 너를 보고 대차다는
역설의 그 한마디 가슴에 와 닿은 날
비우고 가벼워져라
마디마디 새긴다.

－「대〔竹〕나무」 전문

대나무는 속이 비어 있어 유연하면서도 강한 내구성을 지니고 있다. 뿐만 아니라 빠르게 성장하고 곧게 뻗으며 잎이 푸르러 사계절 내내 변치 않는 특성을 가진다. 그 대나무에서 같은 음으로 시작되는 '대차다' 라는 낱말을 끌고 온다. '대차다'는 형용사로 "곧고 꿋꿋하며 힘차다"는 의미를 갖는다. 그 대나무로부터 화자는 "비우고 가벼워져라" 는 말을 전해 듣고 "마디마디 새긴다".고 했다. 마디는 어떤 일의 매듭을 짓는 것이고, 대나무는 마디를 지으며 자라는 데 그 대나무에서 얻는 지혜를 얻어낸다.

눈을 덮고 밤새운 지난 겨울 그 사랑
못다 한 고백인가 차가운 손을 잡고
지상에 당신이 뿌린 레드카펫 눈부시다

─「통영 동백길」 전문

 시인은 시를 찾아 헤맨다. 산이며 강이며 절이며, 그곳이 어디이던 시가 늘려있다. 눈이 있어도 보지 못하고, 귀가 있어도 듣지 못하는 경우가 많지만, 김경옥 시인은 보고 들은 것을 사색하여 시조의 정갈한 그릇에 옮긴다. 「통영 동백길」에서 그런 사실들이 느껴진다. 겨울을 이긴 동백꽃 피는 것이 "눈 덮고 밤새운 지난겨울 그 사랑" 이다. 대지는 아직 차갑지만 "못다한 고백"으로 피어나고, 피었던 꽃이 떨어져 지상에는 레드카펫이 눈부시다. 레드카펫은 고대 그리스 신화에서 유래한 것으로 환영, 존경, 명예를 상징한다. 동백꽃 떨어진 길에서 얻은 붉은 시심이다.

자소서 이력서 수백 번 들고 나며
A4 우측 상단 딱풀로 버티고 있는
웃지도 울지도 못해 굳어버린 초상화

─「증명사진」 전문

 시인의 시선이 머무는 곳은 자연만이 아니다. 우리 삶의 현장에서 벌어지는 일에 무심할 수 없다. 「증명사진」은 취업난에 시달리는 이 땅의 청소년들에 보내는 연민이다. 가게도 없이 길가에 현수막 걸어놓고 생을 이어가는 자동차 수리사를

본「오독誤讀」같은 작품들은 그야말로 오독하고 싶은 풍경들이다. 시인은 정치와 직접적으로 관련 없는 삶을 살지만 정치 속에 살지 않을 수 없어 무관할 수 없다. 그런 시대에 산다. 무관심으로 견딜 수 없어 걱정을 토로하는「광화문」, 그 연민과 근심이 지구촌으로 번진「어떤 좌판」등은 시대를 읽는 시인의 눈이 밝다고 하지 않을 수 없다.

> 미로를 헤매었던 기억이 어지럽다
> 혼자만의 시간을 익혀 온전히 가야 하리
> 긴 사색 얻은 힘으로 바람의 연인처럼

－「달팽이 사랑법」전문

 달팽이, 달팽이는 나선형 껍데기를 지닌 연체동물이다. 머리에 두 쌍의 더듬이가 있다. 긴 더듬이 끝에는 눈이 있고, 짧은 더듬이는 냄새를 맡는 역할을 한다. 몸에서는 점액을 분비하여 이동하는데 이는 스스로를 보호한다. 달팽이는 암수한몸인 자웅동체다. 이 달팽이의 습성을 인간의 삶으로 끌어왔다. 달팽이는 야행성 어둠 속에서 안테나 같은 더듬이로 저희들의 세상을 파악하며 살아간다.
 "미로를 헤매었던 기억"은 나선형 껍데기에서, "혼자만의 시간을 익혀 온전히 가야 하리"는 제 몸에서 분비한 점액으로 이동하는 것에서, "긴 사색 얻은 힘으로" 는 달팽이의 느린 움직임에서 변용한 것이다. 달팽이를 예리하게 관찰하고, 그 관찰에서 달팽이에게서도 배울 수 있다는 것을 체득한다. 느려도 혼자만의 힘으로 가야 하는 게 인생이고, 그런 인생을 사는 것이 사랑법이다.

타악기 선율로 목탁 치는 비 그치자
마알간 낙수 소리 바람 함께 마실 가고

처마 끝
청동 물고기
당그랑 당
책 읽어요

ㅡ「푸른 독서」전문

제목이 싱그럽다. 책을 읽는 행위에 '푸른' 이란 형용사를 앞
히니 '독서'라는 명사가 동사가 되는 것 같다. 푸름은 자연, 생
명, 성장, 희망을 상징한다. 또한 갓 피어나는 청춘을 상징하
기도 한다. 사람만 책을 읽는 것이 아니라 처마 끝에 달린 풍
경도 책을 읽는다. "타악기 선율"로 내리던 비가 멎자 낙수
소리도 들리지 않는다. 그 고요한 가운데 바람이 부니 풍경이
흔들리며 소리를 낸다. 그 소리를 책 읽는 소리로 듣는다. 시
인은 풍경이 우는 소리도 다르게 듣는 귀를 가졌다. 이런 귀
가 공부하지 않고 사색하지 않는데 저절로 오겠는가.

이 작품 외에 "낮은 곳/ 더 낮은 곳으로/ 내려가는/물/물/물"
을 보아내는 「청계산 계곡」은 자연에서 삶의 지혜를 배우고,
들리지 않는 소리를 들을 수 있을 정도로 시인의 눈과 귀가
밝아졌다. 그런 눈을 갖게 한 것은 배움과 사색이다. 배우고
사색하는 것은 이미 오래전부터 지혜를 얻는 바른 길이었다.
『논어』에서 "배우기만 하고 스스로 사색하지 않으면 학문이
체계가 없고, 사색만 하고 배우지 않으면 오류나 독단에 빠질
위험이 있다."(學而不思則罔, 思而不學則殆) 고 하지 않았던
가. 배움과 사색이 잘 만났다.

6

꽃잎은 물 위에
"태평太平하라" 수를 놓고

잉어 떼 꽃그늘 사이
윤슬 차고 오른다

피는 건
눈부신 순간

지는 것도
찬란한

-「벚꽃, 서호에 앉아」 전문

　서호는 수원시에 있는 못으로 수원 팔경의 하나로 낙조가
아름다운 곳으로 유명하다. 수원에 살면서 서호를 노래하지
않은 시인은 드물 것이다. 화자는 벚꽃이 피어있는 서호에 앉
아있다. 벚꽃 잎이 호수에 떨어져서 여유롭고 한가롭다. 그 호
수 꽃그늘 아래 잉어 떼가 반짝이는 잔물결을 차고 오른다.
그때 화자에게 느닷없이 안겨 왔을 생각 하나, "피는 건/ 눈부
신 순간/ 지는 것도/ 찬란한"이었다. 서호를 제재로 삼은 시조
는 「서호공원, 봄 밤」도 있고, 「서호 낙조 아래서」도 있다.
서호의 풍경에서 얻은 사색이 단정한 시조의 옷을 입었다.

목마른 열정 품은 조선의 미술학도
억새의 목울대로 하늘을 올려다본다

종소리 울려야겠다
깨어나라 여성이여

   –『나혜석 1』범종 소리, 세 수 중 끝 수

강점기 식민지 어렵게 살다 간 사람
결핵으로 요절한 천재 시인 내 사랑
무모한 부탁이지만
추모비 세워주오

   –『나혜석 2』라일락 신부, 네 수 중 둘째 수

화폭 속을 나 홀로 저항하며 걸어가며
미추의 경계를 넘어 야수파를 그려내고
열정을 맘껏 펼치며 세계 일주 여행까지

   –『나혜석 3』자유혼, 파도를 타다. 다섯 수 중 둘째 수

적막에 어긋난 생애 진하게 색칠하리
여자의 길 사랑의 길 캔버스에 담아내리
어머니 위대한 여정
해처럼 솟아나라

   –『나혜석 4』다시 붓을 들고, 세수 중 둘째 수

나혜석은 수원 출신이다. 시인은 수원에 살면서 수원이라

는 공간에 삶을 담았던 사람들을 떠올리며 그의 삶을 돌아보았다. 일제강점기와 대한민국의 화가이자 작가, 시인, 조각가, 여성운동가, 사회 운동가다. 일본 여자미술전문학교에 유학하여 서양화를 전공했고, 귀국 후에는 정신여학교 미술교사를 지냈다. 1세대 페미니스트로 불리며, 한국 여성 화가 최초로 개인전을 열었다.

인물이 겪은 삶을 돌아보면서 스스로 삶을 돌아보는 것은, 나를 찾아가는 길이다. 시인은 나혜석의 선각자적 삶에 큰 감동을 드러냈다. 어려움에 처해도 그 어려움에 굴하지 않고 일어서서 자기 삶을 개척하는 정신은 누구라도 본받아야 할 일이다. 수원에 살면서 수원 사랑을 표현하는 방법으로 나혜석을 생각했을 것이다. 같은 뜻으로 썼을 『10월, 행궁 사색』사설시조도 궤를 같이한다.

7

김경옥 시인은 왜 시를 쓰는 것일까? 의 질문에 대한 대답이 드러났다. 데카르트의 사색과 싸르트르의 선택과 존재의 방식으로, 김경옥 시인은 존재한다. 그 대답의 첫 번째가 존재의 근원을 밝혀 대답했다. 연결하면 자서전이 될 수 있는 시들로 대답했다. 그런 존재에서 가르치던 삶과 배우는 삶을 교차시키며 스스로의 본질을 만들어 가고 있다. 그 본질들은 시간의 흐름 속에서 "나를 찾는" 것으로 집중되었다.

나를 찾는 방식은 배움과 사색 그리고 쓰기였다. 그 방식은 시인의 존재 방식으로 아주 적절한 것이다. 교실에서 배우고, 사색으로 익히며, 씀으로써 드러내는 방식으로 왜 시를 쓰며 사는 가에 대한 대답을 하고 있는 것이다. 김경옥 시인에게 세상은 모두 교실이었다. 산도 강도 절간도, 그뿐만 아니라, 미물들도 모두 공부거리였다.

사람 사는 세상도 시인이 사는 수원이라는 공간도 존재의 본질을 완성해가는 자료들이었다. 나만이 아니라 함께 살아야 하는 세상에 대한 연민은 존재의 본질을 고결하게 하는 것이다. 본질을 찾는 방법에서 배움과 사색이 조화되어 조금은 색다르게, 나만의 방법으로 쓰기를 고민한 흔적도 시조의 행간에 흥건하다.

그런 길을 걸어서 그는 「지금은, 종심從心」 에 섰다. 종심從心은 나를 세우는 중심中心이다. 마음속으로 하고 싶은 대로 해도 법도에서 벗어나지 않는다(從心所慾不踰矩)는 연치에 이르렀다. 김경옥 시인, 그는 시조를 통해 존재를 확인하고, 삶에서 시조를 쓰며 "나를 찾는 시조, 시조를 찾는 나' 로 서서 오늘을 걷는다. 그 길에 시조의 꽃이 장엄하게 피어나겠다.

진솔한 시조 한 수를
노래하고 싶은 날

멀리 지리산 찾아 큰 나무에 기대어
즐겁다 마음 바꾸고 힘을 받아 살았지

시집 한 권 낸다고 지인을 초대하려니
눈에 드는 좋은 시, 자랑거리도 별로 없어

이 마음 중심中心을 세워
부끄러움 달랜다

오소서, 좋은 시인이 되었거나 아니거나
가진 것 그만큼 이 찰나 함께 있음을

호수에 구름 스치듯
노래하고 가소서

이 책은 수원문화재단의 형형색색 문화예술지원사업에 선정되어
지원 받아 발간되었습니다.

표지원화

김경미 화백

파리 국립 제8대학 미술대학원 졸업
이화여대 대학원 조형예술학부 졸업
창원 삼진미술관 관장